AF324954

ENCORE

UNE PARTIE DE CHASSE,

OU

LE TABLEAU D'HISTOIRE,

COMÉDIE-ANECDOTE EN UN ACTE, EN VERS;

Par MM. Joseph PAIN et DUMERSAN.

REPRÉSENTÉE, POUR LA PREMIÈRE FOIS, SUR LE THÉÂTRE
DE S. M. L'IMPÉRATRICE, LE 12 AVRIL 1810.

PRIX : 1 fr. 20 c.

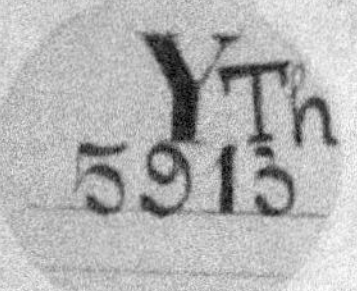

A PARIS,

Chez Mlle. LECOUVREUR, Libraire, Éditeur de Pièces de
Théâtre, galerie et porte du Théâtre Français, n°. 1, rue de
Richelieu.

MDCCCX.

<table>
<tr><td>PERSONNAGES.</td><td>ACTEURS.</td></tr>
<tr><td>FRANÇOIS Ier.</td><td>M. LEBORNE.</td></tr>
</table>

PERSONNAGES.	*ACTEURS.*
FRANÇOIS Ier.	M. LEBORNE.
FÉLIX , peintre.	M. FIRMIN.
FRANVILLE, vieil officier.	M. CHAZELLES.
EUGÉNIE , sa fille.	Melle. FLEURY.
DÉSORMEAUX , cousin de Franville.	M. ARMAND.
GASPARD , soldat.	M. PERROUD.
CATHERINE , vieille paysanne.	Mme. DESCUILLÉS.
LA LOUVETIÈRE , Ier piqueur.	M. ROLAND.
ROBERT , piqueur.	M. HENRY.
PIQUEURS.	

La Scène est dans une forêt peu éloignée d'une ville.

UNE PARTIE DE CHASSE,

COMÉDIE-ANECDOTE.

Le théâtre représente l'intérieur d'une chaumière ; sur des planches sont rangés des vases de cuivre et un buste du Roi en plâtre colorié.

SCENE PREMIERE.

FELIX, *dessinant.*

Oui, voilà le manoir de la bonne laitière ;
Il me faut diriger mes effets de lumière
Sur ces vases remplis du nectar le plus pur ;
Le tableau sera bien, je crois en être sûr.
N'oublions rien surtout des détails domestiques ;
Peignons fidèlement tous ces meubles rustiques,
Dont l'âge se devine aux injures du tems ;
Ce vieux lit de siamoise, où depuis cinquante ans,
Chaque nuit la vertu dort d'un sommeil tranquille,
Sur trois pieds inégaux cette table fragile,
La porte sans serrure, et l'immense foyer,
Le grand coffre entr'ouvert et l'escabeau grossier,
Ce plâtre enluminé, le trésor du village ;
Chaque habitant du Prince y croyant voir l'image,
Offre pour acquitter ses vœux reconnaissans,
A l'image trompeuse, un véritable encens.
Ce croquis me suffit ; maintenant je puis faire
Un tableau : telle était sans doute la chaumière,
Où cachant sa grandeur, le souverain des dieux
A daigné visiter deux vieillards vertueux.

Mais ce dessin ne peut me donner Eugénie;
Il faut, pour l'obtenir, quelque œuvre de génie,
Un bon tableau d'histoire, et je ne puis trouver....
Son père m'a pourtant ordonné d'y rêver.
Cette chère Eugénie! avec quelle innocence
Son cœur, de son amour, m'a fait la confidence!
Adorable candeur, douce ingénuité!...
Oui! tâchons d'arriver à la célébrité.
Interrogeons la Grèce, allons chercher dans Rome,
Pour guider mes pinceaux, quelque trait d'un grand homme,
D'un héros! mais je prends un inutile soin,
Et pour en trouver un, faut-il aller si loin?

SCÈNE II.

FÉLIX, EUGENIE.

EUGÉNIE.

Bonjour, Félix! Vers vous j'aurais voulu me rendre
Bien plutôt.... Il est tard; je me suis fait attendre.

FÉLIX.

Vous étiez près d'un père!

EUGÉNIE.

        Et d'un père causeur!...
Je sais depuis long-tems tous ses combats car cœur;
Mais j'écoute toujours.... cela paraît lui plaire.
Ensemble ce matin nous avons fait la guerre;
Et puis, vous savez bien? notre brave Gaspard,
Que mon père aime tant....

FÉLIX.

        Ce vieux soldat?

EUGÉNIE.

        Il part;
Il va sur l'Espagnol signaler sa vaillance,
Combattre Charles-Quint, le chasser de la France.

Au roi François premier ce guerrier-là manquait.
Moi, je viens de l'aider à faire son paquet,
Où j'ai furtivement glissé certaine somme....

FÉLIX.

Je vous reconnais-là!

EUGÉNIE.

C'est un excellent homme,
Et mon père a bien fait de le récompenser.

FÉLIX.

Quoi! ce n'est pas vous?....

EUGÉNIE.

Moi! que puis-je dépenser?
Je n'ai rien... que mon cœur... dont vous êtes le maître.

FÉLIX.

Naïveté charmante! Ah! l'on ne saurait être
Plus heureux que Félix! Mais gardons le secret.

EUGÉNIE.

Le secret! pourquoi faire?

FÉLIX.

Il faut être discret.

EUGÉNIE.

Quel mal fais-je, voyons? l'on sait que je vous aime;
Je l'ai dit à chacun, à mon père lui-même;
Vous le méritez bien, je dois le proclamer :
Mon dieu! je vous permets de le faire imprimer.

FÉLIX.

Vous croyez que Franville à mes vœux favorable...
Pourrait....

EUGÉNIE.

Cela viendra.

FÉLIX.

Que vous êtes aimable!

EUGÉNIE.

Votre tableau d'histoire... hein, Félix, est-il fait?

FÉLIX.

Non.

EUGÉNIE.

Comment! pas encor?

FÉLIX.

Mais j'en ai le projet.
Trouver un bon sujet n'est pas chose facile.

EUGÉNIE.

Si j'étais peintre, moi, j'en aurais trouvé mille.
Allez, de votre amour je ne suis plus l'objet;
Si vous m'aimiez un peu, vous auriez un sujet.
Où donc est Catherine?

FÉLIX.

A la ville, sans doute;
Elle va revenir : on est long-tems eu route
A son âge.

EUGÉNIE.

C'est bon; mais la ville est si près!
Savez-vous la nouvelle?... On annonce qu'exprès
Notre prince va faire ici même un voyage,
Pour voir encor les lieux témoins de son jeune âge.

FÉLIX.

Vrai?

EUGÉNIE.

Chacun se dispose à le bien recevoir.

FÉLIX.

Ici comme partout on brûle de le voir.

EUGÉNIE.

Félix, pour célébrer sa présence chérie,
Vous devriez, je crois, peindre une allégorie;
Je me chargerais bien de l'offrir.

FÉLIX.

En effet.

EUGÉNIE.

Mais vous n'êtes pas prompt à trouver un sujet !

FÉLIX.

Méchante ! Allez, bientôt vous changerez de style.

EUGÉNIE.

Bientôt ?

FÉLIX.

J'entends, je crois, votre père Franville.

SCÈNE III.

LES MÊMES, FRANVILLE.

FRANVILLE.

Je te cherche, ma fille. Ah ! cher Félix, c'est toi !
Pourquoi ne viens-tu pas te loger avec moi ?

FÉLIX.

Mille grâces....

FRANVILLE.

Comment ! de la cérémonie ?
Ta présence pourtant plaît à mon Eugénie.
Je suis un franc soldat, et partant sans façon :
Je ne saurais tout seul habiter ma maison ;
Quitte cette cabane ; allons, chez moi demeure.

EUGÉNIE.

Faites donc, mon ami, vos paquets tout à l'heure.

FÉLIX.

Souffrez qu'ici je reste encore quelque tems ;
Si je vois couronner mes vœux les plus constans ;
Si je deviens un jour l'époux de votre fille,
Nous ne ferons alors qu'une seule famille.

FRANVILLE.

Nous verrons. J'aime fort que l'on soit amoureux ;
Tu seras son époux, si tu deviens fameux.

Il faut avoir un nom pour avoir Eugénie ;
Moi, je m'en suis fait un en servant ma patrie.
Tu ne peux de la guerre affronter les hasards,
Mais tu dois t'illustrer en cultivant les arts.

EUGÉNIE.

Félix a du talent ; il parviendra, j'espère.
Vous savez qu'il a fait votre portrait, mon père.

FRANVILLE.

On le dit fort bien peint, il rend bien chaque trait,
Soit ; mais qu'est-ce, entre nous, qu'un peintre de portrait ?
Je sais qu'à ce métier l'argent vous dédommage :
On fait payer si cher à présent une image !
Et le moindre bourgeois, dans son coin oublié,
Va vendre ses contrats et se fait peindre en pié ;
Mais l'artiste, avant tout, a besoin de la gloire,
Et s'il l'obtient, mon cher, c'est en peignant l'histoire.
Ainsi que le poète, il vit après sa mort.
Du côté de l'argent, te plains-tu de ton sort ?
Ne sois point le jouet d'une crainte importune ;
Fais ton nom, mon ami, je ferai ta fortune.

FÉLIX.

Ah ! puissé-je bientôt, par un brillant succès,
Mériter mon bonheur et payer vos bienfaits !

SCÈNE IV.

FÉLIX, EUGÉNIE, FRANVILLE, DESORMEAUX.

DÉSORMEAUX, à la cantonade.

Ils sont ici, c'est bon ; va m'attendre à la ville.

FRANVILLE.

Eh ! voilà Désormeaux !...

DÉSORMEAUX, tranquillement.

Bonjour, cousin Franville.

FRANVILLE.

Quel hasard, mon ami, t'amène en ce séjour?

DÉSORMEAUX.

Ce n'est point le hasard, cher cousin, c'est l'amour.

EUGÉNIE.

L'amour!

DÉSORMEAUX.

Oui, ma cousine.

EUGÉNIE.

Et pour qui?

DÉSORMEAUX.

Pour vous-même.

FÉLIX.

Que veut dire...?

DÉSORMEAUX.

Cela veut dire que je l'aime.

FRANVILLE.

Et mais, cela t'est donc venu bien promptement?

DÉSORMEAUX.

Oui, ma foi, mon cousin; d'hier soir seulement.
Dès long-tems, dans le sein d'une indigne paresse,
Je voyais dépérir ma brillante jeunesse.
Hélas! me dis-je hier, je suis la fleur des champs
Qui sèche sur sa tige à la fin du printems;
C'est un heureux zéphir qui seul la vivifie;
Mon zéphir ce sera ma cousine Eugénie;
Je pars, j'arrive ici, je vous fais mon aveu:
Mais à l'hymen je dois me préparer un peu,
Je viens dans ce séjour réparer ma faiblesse,
Et pour me marier prendre le lait d'ânesse.

EUGÉNIE.

Non, ce n'est pas le lait qu'il faut prendre en ces lieux,
L'ellébore, je crois, vous conviendrait bien mieux.

DÉSORMEAUX.

L'ellébore, cousine ! ainsi....

FRANVILLE.

Laisse-la dire ;
De tout n'a-t-elle pas l'habitude de rire ?
Mais tu viens un peu tard : notre ami, que voici,
Tout-à-l'heure m'a fait même demande ici.

DÉSORMEAUX.

Voilà donc un rival ?... De quel droit, je vous prie,
Vous verrait-on prétendre à la main d'Eugénie ?

FÉLIX.

Des droits ? je n'en ai point.... mais j'ai beaucoup d'amour

DÉSORMEAUX.

On en a comme vous !... je parle sans détour ;
Cousin, vous connaissez mon bouillant caractère,
La moindre résistance irrite ma colère :
Gardez-vous d'opposer quelqu'obstacle à mes feux ;
Un volcan qu'on réprime en est plus dangereux.

EUGÉNIE.

Il va tout consumer !

FRANVILLE.

Cousin, veux-tu m'entendre ?
A sa main, aujourd'hui, tu peux encor prétendre.
Félix est ton rival par ma permission ;
Mais j'ai mis à ses vœux une condition.
Tu connus de tout tems mon faible pour la gloire ;
J'aime celui qui veut illustrer sa mémoire ;
Et pour être mon gendre, ou poëte, ou guerrier,
Il faut se présenter le front ceint d'un laurier.
Ma fille sera riche, elle est jeune, elle est belle ;
Un homme du commun n'est donc point fait pour elle.

DÉSORMEAUX.

Un homme du commun et moi, cela fait deux.
(à Félix.)
Vous êtes donc guerrier ou poëte fameux ?

FÉLIX.

Point du tout, je suis peintre ; et bientôt, je l'espère,
Le zéle ennoblira le peu que je sais faire.
Tout ce que sent mon cœur je saurai l'exprimer ;
On verra sous mes traits la toile s'animer.
Je dois, de réussir, avoir quelque espérance,
J'aurai l'amour pour guide et vous pour récompense!

DÉSORMEAUX.

Parbleu! me voilà bien! votre projet est bon!
Et je suis à présent sûr de mourir garçon!

EUGÉNIE.

Cher cousin, je vous plains, et de toute mon âme.

FRANVILLE.

Deviens un peu célèbre, Eugénie est ta femme.

DÉSORMEAUX.

Mon dieu! laissez donc là votre célébrité!
Je n'en aurai jamais.... pour raison de santé.
Je suis né délicat : on me mit au collége ;
De ne pas travailler j'avais le privilége ;
Aussi je n'appris rien. Pour le choix d'un état,
On m'offrit ceux d'abbé, de robin, de soldat :
Pour être abbé, j'aimais par trop le mariage ;
Pour être militaire, il fallait du courage ;
Pour la robe, il fallait du savoir, et beaucoup!
J'ai pris un bon milieu ; je ne suis rien du tout.

EUGÉNIE.

Avec franchise au moins il parle sur son compte.

FRANVILLE.

Morbleu, le beau métier ! quoi ! tu n'as pas de honte
Dans un siècle aussi grand, sous un tel souverain,
Vivre inutile et nul ! être français en vain !
Ne pas se réveiller au bruit de ces prodiges
Si brillans qu'à nos yeux ils semblent des prestiges !
Voir en froid spectateur, les arts encouragés,
Les lettres en vigueur, les talens protégés,

Les guerriers surpasser tout ce que notre histoire
Jadis au nom français a pu donner de gloire !
Ces monumens des arts, ces arcs et ces canaux,
De ce Louvre immortel les rapides travaux,
Ne disent-ils donc rien à ton cœur insensible ?
Loin de notre pays va donc, homme impassible,
Vas aux climats glacés où nul astre ne luit,
Jouir chez le Lapon d'une éternelle nuit,
Et ne viens pas ici souiller par ta présence
Les rayons bienfaisans du soleil de la France.

DÉSORMEAUX, pleurant.

Ah ! mon dieu ! mon cousin, vous me faites pleurer,
Je n'oserai jamais en France demeurer !
Dites-moi les moyens de devenir utile ;
De peur d'en manquer un, j'en veux apprendre mille !

EUGÉNIE.

Mon dieu ! si ce retour corrigeait mon cousin,
S'il allait devenir quelque chose à la fin !
Félix, dépêchez-vous.... j'ai peur qu'il ne m'épouse.

DÉSORMEAUX, s'animant un peu.

Oui, je l'épouserai ! dans ma fureur jalouse,
Aujourd'hui je m'élève au-dessus du commun !
Que je perde mon nom, si je ne m'en fais un !

FRANVILLE.

Allons, dignes rivaux, la carrière est ouverte,
A vos nobles efforts la récompense offerte ;
En attendant l'instant qui doit vous couronner,
Il faut, si l'on m'en croit... songer au déjeûner.
Où donc est aujourd'hui la chère Catherine ?
J'aime les mets qu'on trouve en sa simple cuisine,
Ses œufs frais, son lait pur, son pain, quoiqu'un peu noir,
Sur sa table de bois, propre comme un miroir.

FÉLIX.

Ma foi, c'est qu'entre nous la cuisinière est bonne ;
On doit trouver exquis tout ce qu'elle assaisonne !
La voici.

SCENE V.

Les mêmes, CATHERINE, *portant un pot-au-lait.*

EUGÉNIE.

Bonjour donc.

CATHERINE.

Bonjour, ma chère enfant.

EUGÉNIE, *lui aidant à porter son lait.*

Nous vous attendons tous ; mais ce vase est pesant,
Permettez qu'on vous aide : elle est vraiment en nage !

CATHERINE.

Laissez, laissez ; je suis verte encor pour mon âge ;
Vienne la Saint - Remy, j'aurai mes soixante ans ;
Il n'y paraît pas trop, et j'ai toutes mes dents.

FRANVILLE.

Pour une villageoise elle est toute charmante,
Sa vieillesse a, ma foi, quelque chose qui tente.

CATHERINE.

Dans ma chaumière au moins, tout le monde se plaît,
Et l'on me fait jaser en achetant mon lait.

EUGÉNIE.

Votre sujet, Félix, il le faut tout de suite.

FÉLIX.

J'y pense en ce moment.

EUGÉNIE.

Pensez-y donc bien vite.

FÉLIX.

Pourrais-je l'oublier ? vous en êtes le prix !

DÉSORMEAUX.

Autant que vous, au moins, Désormeaux est épris :
S'il ne dessine pas, il peut faire autre chose.

FRANVILLE.

Courage, mon ami.

DÉSORMEAUX.

Déjà je me propose
D'aller trouver le Prince et de m'offrir à lui ;
Pour ne le plus quitter, je pars dès aujourd'hui.
D'abord simple officier, au bout d'une semaine ,
Je pourrai devenir tout au moins capitaine ;
De capitaine ensuite, avec quelques exploits ,
J'obtiens un plus haut grade au bout du premier mois ;
A la guerre aujourd'hui, nous allons assez vîte !
Je me montre, je marque, on connaît mon mérite ,
Je deviens général, et ma foi, cher papa,
Je crois que, s'il vous plaît, je puis m'arrêter-là.
Je viens voir ma cousine en habit militaire,
Je l'épouse d'assaut, et puis, vive la guerre !

FRANVILLE.

Va donc trouver le Prince

CATHERINE.

Il n'aura pas besoin,
S'il veut le rencontrer, d'aller courir bien loin.
Il semble qu'en ces lieux pour lui le Prince arrive.

TOUS.

Comment !

DÉSORMEAUX.

Où donc est-il ? qu'à l'instant je le suive.

CATHERINE.

La chasse se prépare à parcourir le bois.

FRANVILLE.

Le Prince dans ces lieux ! à peine je le crois !

CATHERINE.

Je puis vous l'assurer.

DÉSORMEAUX.

Pour le voir courons vîte !

EUGÉNIE.

Est-il seul, ou vient-il avec beaucoup de suite ?

CATHERINE.

Pour cela, mes enfans, je n'en sais rien encor ;
Mais tenez, par ici, j'entends le son du cor ;
Il n'est pas loin.

EUGÉNIE.

Courons, courons le voir, mon père !

FRANVILLE.

Oui, vraiment! viens, ma fille; adieu, la bonne mère.

FÉLIX, *préoccupé.*

Son arrivée ici.... je pense qu'on pourrait....
Cette idée est heureuse, à mon cœur elle plaît.

FRANVILLE.

Allons, qu'un bon tableau, mon cher, t'immortalise.

FÉLIX.

Je le sens, mon ami ; mon âme s'électrise !
Bientôt....

FRANVILLE.

Adieu, mon cher. (*Il emmène Eugénie.*)

DÉSORMEAUX.

Et moi, de mon côté,
Je vais chercher le Prince et la célébrité.

EUGÉNIE, *revenant.*

Eh bien ! a-t-on trouvé le sujet?

FÉLIX.

Pas encore.

EUGÉNIE.

Non, vous ne m'aimez pas, Félix.

FÉLIX.

Je vous adore !

EUGÉNIE.

Chercher aussi long-tems !

FÉLIX.

Ecoutez.

EUGÉNIE.

C'est fort mal.

DÉSORMEAUX, *revenant.*

Quoi! protéger ainsi, devant moi, mon rival!
Donnez-moi donc le bras, ma petite cousine;
Je ne vous quitte pas.

EUGÉNIE, *se défendant.*

Laissez donc.

DÉSORMEAUX.

Ah! lutine!
Je veux vous ramener au papa malgré vous:
Puis je vais m'illustrer, et reviens votre époux.

(*Il l'emmène.*)

SCÈNE VI.

CATHERINE, FÉLIX.

CATHERINE.

Il rêve, il est chagrin; à lui je m'intéresse:
J'ai toujours des amans protégé la tendresse;
Tâchons de le calmer. Eh bien! mon bon ami....

FÉLIX, *à lui-même.*

Mon esprit attentif n'entrevoit qu'à demi....

CATHERINE.

Dites-moi le sujet....

FÉLIX, *impatienté.*

Je ne l'ai pas encore!

CATHERINE.

Eh! quoi! vous attrister sans sujet! mais j'ignore
Comment cela se peut!

FÉLIX.

Que dites-vous?

CATHERINE.

Qu'ici,
Je ne vois pas celui qui vous met en souci.

FÉLIX.

FÉLIX.

Vous vous intéressez à moi, pardon, ma bonne;
Distrait, j'entendais mal....

CATHERINE.

        Allons, je vous pardonne.

FÉLIX.

Ne pas pouvoir trouver le sujet d'un tableau!

CATHERINE.

Vous en avez fait un qui me semblait si beau!
Ma chaumière!

FÉLIX.

      Cela, comme vous pouvez croire,
Ne saurait me servir pour un tableau d'histoire.

CATHERINE.

Pourquoi pas? Peignez-vous; vous m'y mettrez aussi.

FÉLIX.

Pourrait-on, sans regret, ne pas vous voir ici!
Mais vous et moi, ce n'est qu'une petite scène.

CATHERINE.

Que n'ai-je le moyen de vous tirer de peine!
Ma chaumière autrefois aurait, à vos pinceaux,
Offert bien des sujets et piquans et nouveaux.
Dans ces lieux on montrait jadis l'art militaire.
Des jeunes apprentis du métier de la guerre,
Venaient près de chez moi retracer, dans leurs jeux,
L'image des combats, objet de tous leurs vœux.
Ma petite chaumière était la citadelle,
Deux partis opposés se formaient auprès d'elle;
L'un attaquait le fort, l'autre le défendait.
Tout de bon, l'on eût dit que chacun combattait.
Le parti le plus faible, en perdant la victoire,
Payait le lait qu'ici le vainqueur venait boire;
Mais la guerre cessait; amis comme ennemis,
Dans les bras l'un de l'autre étaient tous réunis.

2

Au spectacle touchant d'une amitié si chère,
Malgré moi, quelques pleurs humectaient ma paupière.
De ces jeunes soldats les jeux et les travaux
Prouvaient également qu'ils seraient des héros.
J'aimais à voir en eux se montrer la nature !
L'un d'eux... (je remarquais malgré moi sa figure)
L'un d'eux était plus fier, plus grand, plus libéral.
Dans la petite guerre, il était général :
Le parti qui l'avait devenait invincible.
Quand on se reposait, malgré son air paisible,
Je voyais dans ses yeux briller un feu secret.
Ah ! disais-je à part moi, cet enfant-là promet !
Mais il promet beaucoup !

FÉLIX.

Il a tenu parole.

CATHERINE.

Vous le connaitriez ! Il était mon idole.
Que j'aurais de plaisir à le voir à présent !
Il est grandi sans doute ?

FÉLIX.

(à part.)   Oui, ma bonne, il est grand.
Son cœur seul l'éclairait, et lui faisait d'avance
Deviner les destins du héros de la France.

CATHERINE.

Vous me semblez ému ! ce que je vous ai dit....

FÉLIX.

Touche pareillement mon cœur et mon esprit.
Du tableau que je fais, oui, voilà le théâtre !
Il faut de ce côté mettre un groupe folâtre,
Et plus loin, cet enfant, même au sein du repos,
Méditant les moyens d'être un jour un héros....
Eugénie est mon bien ! mon amour est ma gloire !
Et la chaumière et moi nous vivrons dans l'histoire.

SCÈNE VII.

CATHERINE, *seule*.

Où court-il ? est-il fou ? cela serait fâcheux ,
Mais possible ; il est peintre et de plus amoureux.
Me voilà seule , il faut que j'aille voir la chasse.
Ce cher Prince ! on le dit plein de bonté , de grâce :
Puisqu'un heureux hasard amène ici la cour ,
Si je l'apercevais je bénirais ce jour.
Que ce bâton, guidant ma vieillesse tremblante,
Rende mes pas plus sûrs et ma marche moins lente.
A le voir de bien près, si je puis parvenir ,
Je crois que de dix ans je m'en vais rajeunir.

SCÈNE VIII.

CATHERINE, LA LOUVETIÈRE, QUATRE PIQUEURS.

LA LOUVETIÈRE.

Holà ! quelqu'un ! du vin ! garçon ! Eh bien ! la fille !
Viendra-t-on quand j'appelle ? en vain je m'égosille.

CATHERINE, *dans un coin*.

Ah ! mon Dieu ! si c'était !... Son habit est tout d'or.
Je n'ose l'approcher.

LA LOUVETIÈRE.

    Eh ! quoi ! personne encor ?

Le maudit cabaret !

UN PIQUEUR.

   J'aperçois une femme.

LA LOUVETIÈRE.

Pourquoi donc vous cacher ? Venez, ma bonne dame.

CATHERINE.

Ah ! monseigneur ! hélas ! je tombe à vos genoux.
    (à part.)
C'est lui.

LA LOUVETIÈRE.

Qu'avez-vous donc ? Ne craignez rien de nous.
Mange-t-on bien ici ? sert-on avec vîtesse ?
J'ai grand faim ; mais surtout c'est la soif qui me presse.

CATHERINE.

Je ne puis vous offrir que les plus simples mets ;
De la crême bien chaude avec des œufs bien frais.

LA LOUVETIÈRE.

Fi donc ! du lait ! des œufs ! le régal est trop mince.
Du vin et du jambon.

CATHERINE.

Vous en aurez, mon Prince.
Je vais, pour vous servir, courir tout le canton.

LA LOUVETIÈRE.

Allez.

CATHERINE.

    (à part.)   *(haut.)*
    Il me fait peur. Dans un instant. *(Elle sort.)*

LA LOUVETIÈRE.

C'est bon.

SCENE IX.

LA LOUVETIERE, LES QUATRE PIQUEURS.

LA LOUVETIÈRE.

Pour se faire servir il faut du caractère.

LE PIQUEUR.

Vous vous montrez aussi quelquefois trop sévère.

Moi, j'avais votre humeur; on sut la réprimer.
On obtient tout des gens, quand on s'en fait aimer.
LA LOUVETIÈRE.
Diable! seigneur Robert, voilà de la morale!
LE 1er. PIQUEUR.
Parbleu! c'est que je suis un enfant de la balle.
Je n'ai pas, voyez-vous, toujours été piqueur :
Mon père fut jadis un très-bon professeur;
Mais comme il m'instruisait à grands coups de férule,
Je trouvai la science et rude et ridicule.
Après avoir brûlé férule et rudimens,
Moi, je sus me donner un jour la clef des champs.
Le hasard me mena près d'une hôtellerie
Où l'on avait besoin d'un valet d'écurie :
Las d'apprendre à penser, dans mes nobles travaux,
Je trouvai plus aisé de soigner des chevaux.
Je fis de grands progrès dans le maquignonage;
Je devins postillon, puis cocher d'équipage :
Enfin je suis piqueur, voilà le résultat
De mon ambition : chacun a son état;
D'être au-dessus du mien j'ai du moins l'avantage,
Et ne l'a pas qui veut.
LA LOUVETIÈRE.
Le drôle de langage!
Monsieur le philosophe, aujourd'hui postillon,
Prétendrait-il ici me faire la leçon?
Apprenez, mon ami, que de La Louvetière,
Du roi, premier piqueur, à l'état nécessaire,
Et dans la chasse au cerf, à bon droit estimé,
Pour le coup d'éperon fut toujours renommé.
Si je fais cet état, je n'en suis pas plus bête.
Ma femme dit toujours que j'ai beaucoup de tête,
Que je pourrais briller dans les plus grands emplois,
Mais que je suis vraiment bien placé dans les bois.
LE 1er. PIQUEUR.
J'en ai la certitude, et pense sur mon âme,
Que l'on doit là dessus en croire votre femme.

LA LOUVETIÈRE.

Mais la vieille laitière ici ne revient pas.
La chasse va toujours et s'éloigne à grands pas ;
Je n'entends plus le cor.

LE 1ᵉʳ. PIQUEUR.

C'est que l'on se repose,
La halte est près d'ici.

LA LOUVETIÈRE.

Tant mieux. Je me propose
De bien courre le cerf et de le débusquer ;
Car de François je veux me faire remarquer.

SCENE X.

LES MÊMES, CATHERINE, DESORMEAUX.

CATHERINE.

J'ai couru de mon mieux. De la maison voisine
J'ai dépouillé pour vous la cave et la cuisine ;
Goutez à ce vin-là, vous le trouverez bon.

DÉSORMEAUX, *apportant une assiette.*

Moi-même j'ai voulu me charger du jambon.

LA LOUVETIÈRE.

Je suis fâché, mon cher....

DÉSORMEAUX.

Pour moi, c'est une fête !

LA LOUVETIÈRE, *s'asseyant.*

Fort bien, l'ami,

DÉSORMEAUX, *à Catherine.*

L'ami ! le Prince est très-honnête.

LA LOUVETIÈRE.

Puisque vous avez pris la peine de venir,
De trinquer avec vous, nous aurons le plaisir.

DÉSORMEAUX, *debout, près de la table.*

C'est un honneur auquel je ne pouvais prétendre.

LA LOUVETIÈRE.

Allons, la vieille, un verre.. Eh! l'on me fait attendre.

DÉSORMEAUX.

Vite donc, Catherine!

CATHERINE.

Eh! mais, il faut le tems!
Je ne suis plus, seigneur, vive comme à quinze ans.

DÉSORMEAUX.

Excusez, monseigneur.... Allons, j'y vais moi-même.

LA LOUVETIÈRE.

Buvons.

DÉSORMEAUX.

A la santé d'un Prince que l'on aime.

TOUS.

Bravo!

DÉSORMEAUX, *à part.*

Cette santé lui fait un grand plaisir!
(*haut.*)
Monseigneur, si j'osais....

LA LOUVETIÈRE.

Quoi?

DÉSORMEAUX.

Vous entretenir....

LA LOUVETIÈRE.

Parlez.

DÉSORMEAUX.

L'occasion est aujourd'hui si belle!
Je veux me marier ; car d'un sujet fidèle
Le devoir est, je crois, de peupler son pays?
Le père de l'objet qui rend mon cœur épris,
Veut que je sois célèbre, et je ne puis, sans doute,
M'adresser mieux qu'à vous pour en prendre la route.

Si vous le permettez, je m'attache à vos pas ;
Je vous suivrai partout, à la chasse, aux combats!

LA LOUVETIÈRE.

Fort bien! voudriez-vous obtenir quelque charge
Dans les eaux et forêts? de cela je me charge.

DÉSORMEAUX.

Faudra-t-il de l'argent?

LA LOUVETIÈRE.

L'argent ne gâte rien.

DÉSORMEAUX.

J'en puis donner beaucoup; dieu merci, j'ai du bien ;
Mais les eaux et forêts, cela rend-il illustre?

LA LOUVETIÈRE.

Parbleu! je le crois bien, cela vous donne un lustre!..
Et puis un uniforme : oh! cela fait honneur.

DÉSORMEAUX.

Ah! combien je bénis le hasard, monseigneur....
De vous avoir parlé! que ma joie est complette!
Dans les eaux et forêts! c'est clair! la chose est faite.

SCENE XI.

LES MÊMES, GASPARD, *son paquet sur le dos.*

GASPARD.

Je cours à la frontière, et je viens en ces lieux,
Bonne maman, vous faire en partant mes adieux.

CATHERINE, *l'embrassant.*

C'est toi, mon bon ami, fais un heureux voyage!
Mais voici devant toi....

GASPARD.

Qui?... des chasseurs, je gage?

Camarades, salut.

DÉSORMEAUX , *s'approchant de lui.*
                Ote donc ton chapeau.
Le Prince est là , mon cher.

GASPARD.
                        Le Prince ! où donc ?

DÉSORMEAUX.
                                Tout beau.
Vois son brillant habit.

GASPARD.
                Allons-donc !

DÉSORMEAUX.
                                Je t'assure....

GASPARD.
Ses exploits et son nom lui servent de parure.

DÉSORMEAUX.
Vois son aspect farouche.

GASPARD.
                        On dit que son aspect
Commande en même tems l'amour et le respect.
Vous vous trompez.

DÉSORMEAUX , *à La Louvetière.*
                Seigneur , je vous fais bien excuse ,
Pour ce pauvre soldat.

GASPARD , *éclatant de rire.*
                        Ventrebleu ! l'on s'abuse :
Qui donc est Prince ici ?

LA LOUVETIÈRE.
                Mais personne , je croi.

GASPARD.
Je n'en vois pas : à moins que ce ne soit....

LA LOUVETIÈRE.
                                Qui ?

GASPARD.
                                Moi.

DÉSORMEAUX.

Qui diable êtes-vous donc, vous qu'on monseigneurise ?
Comment ! à votre égard j'ai fait une méprise ?

LA LOUVETIÈRE.

Est - ce ma faute ?

DÉSORMEAUX.

O ciel ! et moi qui filais doux !

LA LOUVETIÈRE.

Vous devez le respect à des gens comme nous.

DÉSORMEAUX.

Du respect ! votre nom , l'homme à la mine fière ?

LA LOUVETIÈRE.

Apprenez que mon nom est de La Louvetière.

GASPARD.

Prince de nos forêts !

DÉSORMEAUX.

J'étais donc un grand sot ?

(Il sort.)

LA LOUVETIÈRE.

J'en conviens, mon très-cher : vous étiez en défaut ;
Mais le vin était bon , et je vous en rends grâce.
Piqueurs, que l'on me suive, allons joindre la chasse.

SCENE XII.

CATHERINE, GASPARD.

GASPARD.

Je ris de ce bénêt , qui va de monseigneur
Traiter naïvement un illustre piqueur.

CATHERINE.

Tu pars donc , mon enfant ?

GASPARD.

Eh! oui, ma bonne mère:
Sans moi, si je tardais, on finirait la guerre;
On va vîte à présent : le seigneur Charles - Quin
Pourra se repentir d'avoir fait le taquin.
Il a beau commander et l'Espagne et l'Empire,
François avec Bayard, pourront battre le sire.
J'ai vu trente combats; c'étaient des jeux d'enfans;
Mais avec eux, ce sont des combats de géans.

CATHERINE, *apportant une image roulée.*

Tiens, reçois de ma main cette petite image,
Elle doit préserver les guerriers du carnage.
Qui sait! elle pourra t'être d'un grand secours,
Mon père était soldat et la portait toujours.

GASPARD.

Eh! ventrebleu!... donnez, je vous en remercie,
Et je la garderai pendant toute ma vie.
(à part.)
Le sot!.... pour un chiffon, moi, j'allais l'affliger.

SCENE XIII.

LES MÊMES, FRANÇOIS.

FRANÇOIS, *à part.*

Oui, je m'y reconnais.

GASPARD.

Quel est cet étranger?

FRANÇOIS, *à part.*

Je revois la chaumière!

CATHERINE.

Oh! comme il examine!

FRANÇOIS.

(à part.)   *(haut.)*
Et voilà... c'est bien elle. Approchez, Catherine.

CATHERINE.

Vous pouvez demander ici ce qui vous plaît.

FRANÇOIS.

(à part.)   (haut.)

Oh! comme elle est vieillie! Apportez-moi du lait,
Je vous prie.

CATHERINE.

A l'instant.

FRANÇOIS.

J'aimai toujours le vôtre,

Ma bonne....

CATHERINE, à part.

Il est vraiment plus honnête que l'autre.

FRANÇOIS, à part.

Oh! comme avec plaisir je revois tous ces lieux,
Et que mes souvenirs y sont délicieux!
Heureux qui remontant le fleuve de la vie,
Des tems qui ne sont plus, voit la trace chérie;
Et comptant sans regret tous les jours du passé,
N'en aperçoit aucun qui doive être effacé!

GASPARD, à part.

Il a l'air d'un brave homme! abordons-le...courage!

CATHERINE.

Voulez-vous vous asseoir? voilà votre laitage.

GASPARD, à part.

C'est drôle, moi, j'hésite; allons, point de détour :
(haut.)
Dites-moi donc, seigneur, êtes-vous de la cour?

FRANÇOIS.

On m'y voit quelquefois.

GASPARD.

Vous approchez le Prince?

FRANÇOIS.

Je ne le quitte pas.

GASPARD.

Cet honneur n'est pas mince.
Puisque vous l'approchez.... sarpejeu ! dites-lui
Que ses braves soldats sèchent vraiment d'ennui.
Déjà plus d'un succès nous a mis en haleine ;
Guidé par notre chef, on doit vaincre sans peine.

FRANÇOIS.

Vous êtes vif, mon cher.

GASPARD.

Je ne le suis pas mal ;
Mais, morbleu ! pas autant que notre Général.

FRANÇOIS.

La prudence, toujours, doit guider le courage.

CATHERINE.

C'est que de sa valeur Gaspard a plus d'un gage !
Ah ! seigneur, si le Prince avait en ce moment
Trente mille soldats comme lui seulement....

FRANÇOIS.

Eh ! que me parlez-vous ici de trente mille !
Où l'on voit la valeur, le nombre est inutile.

GASPARD.

Oh ! comme c'est pensé ! je vois bien aujourd'hui
Qu'au Prince vous tenez ; vous parlez comme lui.
Croit-on qu'en cet endroit, il vienne avec la chasse ?
Morbleu ! je resterais tout le jour sur la place,
Quitte à partir demain : vous devez le savoir ?

FRANÇOIS.

Il n'est pas loin d'ici.

GASPARD.

Je reste pour le voir.
(Il ôte son havresac et le pose sur un banc.)
Je cours, je l'aperçois, je me mets bien en vue,
(Otant son chapeau et l'agitant)
Et de ce chapeau-là trois fois je le salue. *(Il sort.)*

SCENE XIV.

FRANÇOIS, CATHERINE.

FRANÇOIS.

Comment appellez-vous ce brave homme?

CATHERINE.

Gaspard.

FRANÇOIS.

Où va-t-il?

CATHERINE.

A Milan , et dès demain il part.
A ce brave soldat, pourriez-vous être utile?

FRANÇOIS.

Son sort vous intéresse? eh bien! soyez tranquille.

CATHERINE.

Ah! çà, sans plaisanter , auriez-vous du crédit?

FRANÇOIS.

Un peu.

CATHERINE.

Mettez son nom , s'il vous plaît , par écrit.

FRANÇOIS.

Oh! j'ai bonne mémoire. A vous, songeons, ma chère.

CATHERINE.

Je l'ai vu naître au moins ! il m'appelle sa mère.

FRANÇOIS.

Mais vous , ma chère.

CATHERINE.

Et moi , je l'appelle mon fils.

FRANÇOIS.

J'entends : tous les guerriers sont mes amis.

(*se fâchant un peu.*)
Mais parlons donc de vous... de vous, ne vous déplaise !
Répondez franchement : êtes-vous à votre aise ?
Voyons, que voulez-vous ?

CATHERINE.

Moi, de l'ambition !
Mon dieu ! je suis si bien dans ma condition !

FRANÇOIS.

Le pauvre, loin de lui, voit grossir les nuages,
Et loin de lui souvent, vont fondre les orages.
Toujours lorsqu'on l'honore on aime son état ;
Et votre fils, Michel ?

CATHERINE.

Il sert.

FRANÇOIS.

Qu'est-il ?

CATHERINE.

Soldat.

FRANÇOIS.

Voulez-vous qu'on l'avance ?

CATHERINE.

Oh !... s'il a du mérite,
Le Prince assurément, l'avancera bien vîte !

FRANÇOIS.

Le Prince ! il est donc juste? on dit donc qu'il est bon ?

CATHERINE.

Je ne le connais pas ; mais c'est là son renom.

FRANÇOIS.

Rien ne s'est augmenté dans ce petit ménage ;
Vous deviez cependant avoir un héritage?...

CATHERINE.

Celui du vieux cousin ? vous parlez de long-tems.
J'ai perdu mon procès depuis plus de vingt ans.
Mais, comment savez-vous?...

FRANÇOIS.

                    Tout cela m'intéresse,
Tout cela me reporte au tems de ma jeunesse.

CATHERINE.

Vous êtes donc d'ici ?... sans cela sauriez-vous
Tous ces petits détails ? vous nous connaissez tous !

FRANÇOIS.

Non : je ne reçus point en ces lieux la naissance.
Cependant je leur dois de la reconnaissance ;
J'y vis passer des jours, dont le doux souvenir
Saura, d'un charme heureux, parer mon avenir.
Ils se sont envolés, ces plaisirs du jeune âge ;
Et mon âme toujours en conserve l'image :
Je la retrouve ici : voilà le banc de bois
Où je fus général pour la première fois.
Ces vieux murs attaqués, défendus avec gloire
Retraçent à mes yeux ma première victoire !
(*à part.*)
Heureux pressentimens de plus brillans succès,
Que je veux consacrer au bonheur des Français !

CATHERINE, *l'examinant.*

Que dit-il ? permettez... Ah !.. quelle douce ivresse !
Quoi ! vous avez ici passé votre jeunesse ?
Seriez-vous, mon ami, mon petit protégé,
Qui venait seul ici, tous les jours de congé,
Qui sur le mur, tenez, là, traça cette carte ?...
On le nommait....

FRANÇOIS.

                    Il faut que dans l'instant je parte,
La chasse va finir : avant de vous quitter,
Bonne mère, envers vous je voudrais m'acquitter.
Que voulez-vous ? parlez, je l'obtiendrai sans peine
Du prince qu'en ces lieux un doux attrait ramène.

CATHERINE.

Me promettez-vous bien, au moins, de m'accorder
Tout ce que je pourrais ici vous demander ?

                              FRANÇOIS.

FRANÇOIS.

Oui, bonne mère, oui : faites votre demande.

CATHERINE.

Je ne vous cache pas que la faveur est grande.

FRANÇOIS.

Elle ne pourra pas excéder mon pouvoir.

CATHERINE.

Vous approchez le Prince. Ah ! faites le moi voir !

FRANÇOIS.

C'est là votre demande ?

CATHERINE.

     Elle est bien téméraire ?

FRANÇOIS.

Mieux que tout autre ici, je puis vous satisfaire ;
Mais permettez qu'avant de partir de ces lieux,
Un petit souvenir précède mes adieux.
Votre hospitalité fut si franche, ma bonne !
Prenez....   (*Il tire sa bourse.*)

CATHERINE.

   Quoi ! tant d'argent !

FRANÇOIS.

      Le Prince vous le donne.

CATHERINE.

Non, non, je ne veux point de vous d'autre faveur
Que celle de le voir.

FRANÇOIS.

   Prenez.

CATHERINE.

      Sur mon honneur,

Je n'accepterai pas.

FRANÇOIS.

     La somme est si petite !
Songez bien qu'envers vous je ne me crois pas quitte.
(*La bourse s'ouvre et se renverse dans les mains de*
Catherine.)

CATHERINE.

C'est bien peu, dites-vous, et j'apperçois de l'or.
Ah ! mon dieu ! dans les mains je n'en eus point encor !

SCÈNE XV.

LES MÊMES, FÉLIX, *s'arrêtant au fond et écoutant.*

CATHERINE, *examinant une pièce.*

Deux branches de laurier formant une couronne!
Au Prince elle convient, la France la lui donne.
Ah! de l'autre côté... que vois-je? son portrait!
Est-ce un songe, une erreur?... Ah! c'est vous trait pour trait
Mon roi!
　　　　　　　　　　(Elle se jette à ses pieds.)

FÉLIX, *à part.*

　　　Le roi!
(Il saisit ses crayons, et le genou en terre, dessine
　　　　　　le groupe.)

FRANÇOIS.

　　　Grand Dieu! pendant ma vie entière,
Je me ressouviendrai de la pauvre chaumière.

CATHERINE.

J'en mourrai de plaisir.

FÉLIX, *dessinant.*

　　　　　　Ah! quel heureux sujet!

FRANÇOIS.

Relevez-vous, ma bonne.

CATHERINE.

　　　　　　Ah! souffrez, s'il vous plaît,
Que je vous voie encore!

FRANÇOIS.

　　　　　　On vient.
(Il relève Catherine et lui met la main sur la
　　　bouche : Félix se lève.)

SCÈNE XVI ET DERNIÈRE.

LES MÊMES, FRANVILLE, EUGÉNIE,
DESORMEAUX, GASPARD.

FRANVILLE.

　　　　　　Maudite route!
Je n'ai pas vu le Prince; il se cache, sans doute.

*(François 1ᵉʳ. serre la main de Catherine, lui fait
signe de se taire, salue les personnages qui
entrent, et sort précipitamment; Catherine le suit
jusqu'à la porte.)*

GASPARD.

Moi, j'étais l'avant-garde, et dans tout le chemin
Je n'ai rien vu.

FÉLIX, *aux acteurs.*

C'est vous. Regardez mon dessin,
Eugénie est à moi ! Je vole vers la gloire :
J'aurai donc, mes amis, fait un tableau d'histoire !

FRANVILLE.

Que dis-tu ?

FÉLIX.

Que le roi... dieux ! quel événement !

TOUS.

Le roi !

CATHERINE.

Sans doute ; il sort d'ici dans le moment !
Tandis que pour le voir court une ville entière,
Il daigne visiter ma modeste chaumière ;
Et, fuyant la grandeur et les bruyans plaisirs,
Vient chercher une vieille et de vieux souvenirs.
Son simple vêtement ne m'avertissait guère....
Puis, comment supposer la faveur singulière
De recevoir mon roi dans ce méchant logis?
J'étais très-familière ; il n'était point surpris :
Et nous avons causé tranquillement ensemble.
Il sait ton nom, Gaspard ; tu l'as vu, ce me semble ?

GASPARD.

Mille bombes ! c'était mon homme de tantôt !

CATHERINE.

Je t'ai recommandé ; j'espère que bientôt....

FRANVILLE.

Mais comment savez-vous ?...

CATHERINE.

Grâce à sa bienfaisance !
Les bienfaits font toujours deviner sa présence :
Voyez ces pièces d'or ; il est là trait pour trait !
Mon Dieu ! qu'il a bien fait de donner son portrait !
Je reconnais le Prince ; à ses pieds je me jette :
Vous venez, il s'échappe ; et vraiment je regrette
De l'avoir reconnu sitôt.

DÉSORMEAUX, *à part.*

Et mon projet !

EUGÉNIE.

Enfin, mon cher Félix, vous avez un sujet !

FRANVILLE.

Le succès est certain, moi, j'y compte d'avance,
Et je veux t'en donner déjà la récompense.

FÉLIX.

Je suis donc votre époux ! Quel moment pour mon cœur !
A ce Prince chéri je devrai mon bonheur.
Il n'a fait que passer, jugez de l'influence
Que sur les cœurs Français exerce sa présence !

DÉSORMEAUX.

Cousin, je le vois bien, mon arrêt est porté,
Et vous me dispensez de la célébrité.

EUGÉNIE.

Vous êtes fait, cousin, pour un bonheur paisible.

GASPARD.

J'ai vu mon roi, morbleu ! je me sens invincible.

EUGÉNIE.

Vous qui peignez, suivez en tous lieux ce héros,
Vous ne manquerez pas de sujets de tableaux.

FIN.

DE L'IMPRIMERIE DE CHARLES POUGENS.